The Thirsty Anim

D0100744

Kim James
Illustrated by Gregory Alexander

The thirsty lions drink at the water hole.

The thirsty zebras see the lions.
The zebras wait.

The thirsty giraffes see the lions.
The giraffes wait.

The thirsty baboons see the lions.
The baboons wait.

The lions leave.

The thirsty animals drink at the water hole.